池上彰と考える

災害とメディア

③ 災害から命を守る情報収集

監修
池上彰

目次

第3章 災害直後のデマ・フェイクニュースへの対応

事前の準備が命を救う

ジャーナリスト
池上　彰

「避難命令」はないことを知っておこう

　大雨が降ったり川が増水したりすると、「避難指示」が出ることがあります。もし、あなたが住んでいる地域に「避難指示」が出たら、あなたやあなたの家族は、どんな行動をとりますか。

　「なんだ、まだ避難命令ではないから様子を見よう」などと思ったりしませんか。

　実は日本には災害に関して「避難命令」はないのです。政府や地方自治体などの行政機関が「命令」を出すには、その根拠となる法律がなければなりません。今の日本に、そういう法律はないのです。

　大きな災害が予想される場合は、警戒レベルに関する情報が出されます。その時に「避難指示」が出ることもあるのですが、もし「避難命令」だと、どうでしょうか。その地域一帯のすべての人が避難を始めてパニックになるかも知れません。あるい

は、命令に従わない場合は、なんらかの罰則をつけなければ命令の意味がないという話にもなってしまいますが、災害が予想される緊急事態の時に、そんなことをやっている時間はありません。

　また、大きな災害が予想される地域でも、本当に危険な場所がある一方で、「ここにいれば大丈夫」という場所もあります。それを一律に避難させるのはおかしいという考え方もあるからです。

　では、こういう情報が出たら、どうすればいいのでしょうか。それは、事前に身の回りをしっかりチェックしておくことなのです。

事前の準備はどうやって？

　災害が起きる前のチェックをするためには、どうしたらいいか。本文で詳しく解説していますから、それを参考にしていただきたいのですが、大事なことは、まず地元

の自治体が作成している「ハザードマップ」を確認しておくことです。

ハザードマップというのは、聞き慣れないカタカナ言葉ですが、「ハザード」とは「危険」という意味。住んでいる場所のどこが危険かを教えてくれる地図と考えてください。

この地図で、あなたが住んでいる場所は危険地帯に分類されていませんか。あるいは登下校の際に歩く場所はどうですか。これを家族みんなでチェックしておき、いざというときにどうするか意思統一しておきましょう。

でも、何が何でも逃げましょう、ということではありません。

あなたのいる場所が、山や崖から離れ、海岸線や河川からも遠く離れていて、しっかりと地震対策ができている建物なら、むしろ避難しない方が安全ということもあります。

冷静に判断することが大切なのです。

避難の時は新型コロナ対策も

新型コロナウイルスの感染拡大が問題になってからは、避難場所や避難所の感染対策も検討が進んでいます。

体育館にざこ寝では、不衛生ですし、感染が拡大してしまう危険があります。そこで、1か所に避難できる人の数をしぼったり、床に直接寝るのを避け、段ボールなどで作られた簡易ベッドを用意したりするところも増えてきました。ベッドなら床から離れるので、ほこりや細菌、ウイルスを吸いこまなくてすむからです。

また、家族ごとに簡易カーテンで仕切り、感染防止とプライバシー保護の両方を考える避難所もあります。

もし、あなたが住んでいる場所から避難しなければならない時は、どこが避難所でどこが避難場所になるかも確認しておきましょう。事前の準備が、わたしたちの命を救うのです。

災害発生!! その時、どのような情報入手が必要か？ ～東日本大震災の教訓～

■ 東日本大震災で起きたこと

2011年3月11日午後2時46分、三陸沖を震源とする、マグニチュード9.0の大地震が発生しました。

この地震が発生した3分後の午後2時49分には、気象庁が大津波警報を発しました。この時は、「地震の規模はマグニチュード7.9で、岩手県で3mの津波、宮城県で6mの津波、福島県で3mの津波が発生する」という予測でした。地震の規模を示すマグニチュードが実際よりも低く推定され、そのため予測された津波の高さもそれほど高いものではありませんでした。

そして、この実際より低い予測が、第一報としてテレビやラジオ、そしてインターネットなどを通じて、人々に伝えられたのです。

ところが、実際には地域によっては10mを超える大きな津波が発生し、またその津波が陸地を這い上がった高さは、なんと40mにもおよびました。

気象庁では、午後2時49分に最初の大津波警報を発した後、地域によっては、25分後の午後3時14分の第二報ですぐに「10m以上」の津波到来の警報を発しています。しかし、多くの人々が最初の警報（「3mの津波」など）を聞いた時点で避難行動をとっていたために、その後の"より大きな津波がくる危険性がある"という警報を聞いていない人が多かったことで、被害が拡大してしまったようです。

■ 東日本大震災時の津波警報の発表状況

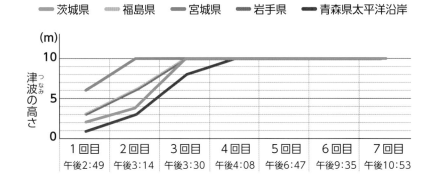

━━ 茨城県 ━━ 福島県 ━━ 宮城県 ━━ 岩手県 ━━ 青森県太平洋沿岸

(m)

津波の高さ

| | 1回目 午後2:49 | 2回目 午後3:14 | 3回目 午後3:30 | 4回目 午後4:08 | 5回目 午後6:47 | 6回目 午後9:35 | 7回目 午後10:53 |

震災当日だけで7回の津波警報があり、宮城県では2回目の午後3時14分に「10m以上」の警報が出た。

(出典：気象庁「東北地方太平洋沖地震への気象庁の対応について（報告）」より抜粋して作成)

■ 災害発生の緊急時にはできるかぎりの安全をはかる

　東北地方の太平洋側では、昔から津波の被害が発生していることもあり、地域の人々の中には、「地震の後には津波がくる」ということを前提として、早々と避難行動をとる人もいたようです。

　早々に避難行動をとること自体は正しいのですが、災害の発生時には、状況がどんどん変化することもあるので、常に新しい情報に注意する必要があります。地震発生後の津波に関する警報などはまさにそうした最新かどうかに注意すべき情報だったといえます。

　東日本大震災では、たくさんの「想定外」があり、予想より大きな津波におそわれたことが被害を大きくした原因でした。けれども、最初に聞いた津波警報だけで避難し、第二報、第三報を聞かなかったために、それほど高くない場所に避難してしまい、被害にあった人たちも多かったのです。

　こうした災害が発生した時には、常に最新の情報を得るように注意をはらい、確実に安全だと判断できる場所への避難をすることが大切なのです。

東日本大震災当日、マグニチュード9.0の地震の影響で、岩手県宮古市の漁港に津波が押し寄せてきた。漁港施設が浸水し、漁船、駐車場の車などが波に流される様子を、高台に避難した人々が不安げに見守っている。できるだけ正確な情報を得て、より高い場所に避難できるかどうかが生死をわけることもある。

■ 災害時には、できるだけ多様な情報メディアを活用する

　東日本大震災で大津波が発生した時には、地域によっては停電が発生しました。そのため、そうした地域では家にあるテレビやパソコンなどは使えなくなりました。多くの人が携帯電話などを利用しましたが、場所によっては基地局が被害にあい、通信できない状況も発生しました。また、地域に設置された防災行政無線のスピーカーがこわれてしまい、自治体からの緊急放送が届かないといったことも発生しました。

　大きな災害が発生した場合、どんなことが起こるかわからないので、情報を入手する手段はできるだけ多く用意し、いずれかの手段やメディアが使えなくなっても、別のメディアから情報が入手できるようにしておくことが大切です。

■ 東日本大震災の津波警報を、どのメディアで聞いたか

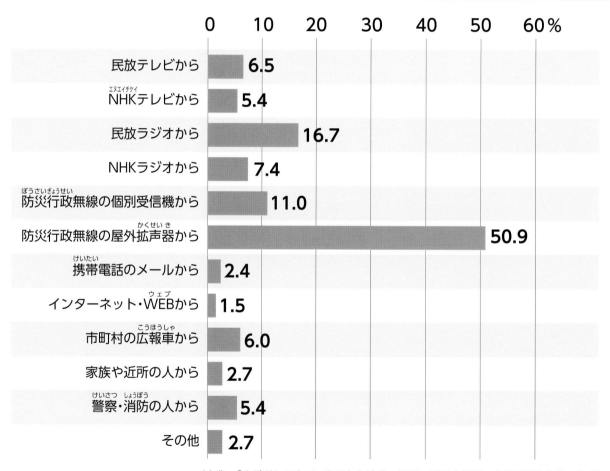

（出典：「大震災とメディア−東日本大震災の教訓」福田充編著、北樹出版を参考に作成）

東日本大震災時は、半数以上の人々が、「防災行政無線」から津波警報の情報を受け取っている。被災地で、災害が間近に迫った状況では、テレビやラジオなどのメディア以上に、防災行政無線からの情報が人々に届いていることがわかる。

第 1 章

災害時の避難に関する情報メディア

本書では、災害が発生する前に、より重要で役立つ項目には前を、
災害が起こっている最中に、より重要で役立つ項目には中を、
災害後に、より重要で役立つ項目には後を付けています。

1 災害発生時の情報メディアの活用方法

正しい災害情報の入手が命を守る！

ひとたび災害が発生すると、テレビやラジオ、インターネットを使ったメディアなどから、災害に関するさまざまな情報が発信されます。いつ、どこで、どんな災害が起こったのか、今いる場所は安全なのか、どこに避難するべきなのかといった災害情報が、命を守る行動のために必要だからです。

しかし災害に直面した人の多くは、突然の出来事に何が起こっているのかを理解できなかったり、迫ってくる危険を前にあわてたりして、災害情報を正しく収集することができなくなってしまいます。

冷静に行動するためには、災害が起こった時にどのメディアからどんな情報が得られるかを知っておくことが大切です。

メディアの進化で災害情報の伝達もスピーディーに

メディアとは、情報を伝達するための手段や媒体を意味する言葉で、いろいろなメディアが存在します。その中でも特に、たくさんの人が利用している「新聞」「雑誌」「ラジオ」「テレビ」は、四大メディアと呼ばれています。

また、近年ではインターネットが急速に普及し、情報を入手する上で欠かせないメディアになってきています。

災害情報の入手方法は、ラジオ放送が始まるまでは、新聞や雑誌が中心的な役割を担ってきました。しかし、新聞や雑誌は紙に印刷しなければならないため、情報が届くまでに時間がかかっていました。

その点、ラジオは電波を使って情報を発信できるので、今の状況をすばやく伝えることができます。これを"速報性"といいます。

災害が発生するとめまぐるしく状況が変わっていくので、常に新しい情報を得ることが重要になります。そのため、速報性に優れたメディアが誕生したことは、災害情報を得る上で大きな意味がありました。

たとえば、1995年に起こった阪神・淡路大震災の時には、地震が発生したわずか1時間後に、「コミュニティFM」と呼ばれるラジオ放送が開始されました。コミュニティFMとは、市区町村単位の小さな地域に向けて情報を発信する、FMのラジオ放送です。コミュニティFMは、刻々と変化していく状況に合わせて最新の情報を発信し続けたことで、たくさんの人々の重要な情報源になりました。

四大メディアに加えて
インターネットも登場

　その一方で、阪神・淡路大震災のころから普及が始まりつつあった携帯電話やインターネットも、災害時のメディアとして役立つことが確認されました。ラジオと同じように、今起こっている状況を知ることができるからでした。

　ところが、2011年に起こった東日本大震災の時には、津波によって広い範囲で停電が発生したことでテレビなどのメディアが使えなくなったり、携帯電話の利用が一気に増加したりしたことで、電話がつながりにくい状態が生まれたりしました。

　そこで、たくさんの人が利用したのが、ツイッターなどのSNS（ソーシャル・ネットワーキング・サービス）でした。電話で会話することはできなくても、ネットを通じて相手と情報をやりとりできるため、

自治体のSNSから最新の情報を入手したり、家族や友だちの安否をSNSを活用して確認したりすることができたのです。

スマートフォンも災害時に
役立つメディア

　2016年に発生した熊本地震においても、SNSやインターネットを使ったメディアから災害情報を集めるという情報入手行動の割合が高くなっていたようです。東日本大震災の時よりも電気の復旧が早かったことや通信施設の被害が少なかったこともありますが、東日本大震災の時以上にスマートフォンの普及があったことは見逃せません。

　総務省の報告書（平成29年版 情報通信白書）を見ると、東日本大震災の前年の2010年末にスマートフォンを持っている世帯の割合は9.7％でしたが、熊本地震の

■ **災害発生時は、状況にあわせてメディアを使い分ける**

緊急地震速報です！

屋外では防災行政無線が役立つことがある。

携帯の電波が届く場所なら、スマートフォンなどを活用する。

ニュース

自宅など屋内ではテレビ・ラジオから情報を入手する。

山中など携帯が使えない場所ではポータブルラジオが有効。

前年の 2015 年末には 72.0% に増えています。スマートフォンを使ってより手軽にインターネットにアクセスできるようになったことで、SNS やインターネットを使ったメディアは、災害時の情報収集においてますます重要なメディアとなってきたのです。

こうした技術の進歩とともに、わたしたちはさまざまなメディアから災害情報を得られるようになりました。あらためて、災害発生時において情報を得やすいメディアの特徴を見ていきましょう。

災害時に強いラジオ

ラジオは、四大メディアの中でも特に災害に強いメディアといわれ、これまでに発生した大きな災害時においても、重要な役割を果たしてきました。

たとえば、東日本大震災の時のように広い範囲で被害が発生したり、停電が起こったりしても、ラジオは変わらず人々の情報源になったことがわかっています。総務省の報告書（平成 24 年版 情報通信白書）には、『震災当初はラジオが唯一の情報入手手段であった』という、実際に地震の被害にあった人の意見も書かれています。

ラジオが災害時により活躍するのは、ラジオの放送局には特定の地域で聞くことができる放送局が多いこともあり、災害が起こった地域に特化した情報を発信しやすいという特徴があるからです。もちろん、全国放送を主とする放送局もあるため、知り

たい情報に合わせて切り替えることができます。

ラジオは、乾電池や手回し充電でも動く機種があり、停電になっても使えることや、持ち運びに便利であることも、災害に強いメディアといわれる理由です。

さらに、「パーソナリティ」と呼ばれる話し手が、「リスナー（聴取者）」といわれる聞き手に対して語りかけるように情報を発信するため、聞く人に安心感を与えるという点も評価されています。

しかし、災害に強いラジオも万能というわけではありません。ラジオは音（言葉）だけで情報が伝達されるメディアなので、たとえば「大きな津波です!!」という情報から、どのくらい大きな津波なのかは、自分で想像するしかありません。当然、人によってイメージするものも異なります。テレビであれば、映像があることで、人によってイメージするものが異なるという心配はありません。ですから、ラジオを使いながらも、複数のメディアから情報を集めることが大切です。

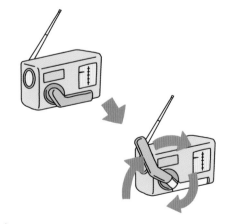

乾電池などを使わずに、付属のハンドルを回すことで充電されるラジオなどもあるので、乾電池などの心配がいらない。また、こうしたラジオの中には、ためた電気を携帯電話などに使えるものもある。

見て理解できるテレビ

テレビは、四大メディアの中で最後に登場したメディアですが、わたしたちの暮らしにもっとも身近なメディアといえます。内閣府・消費動向調査を見ると、2人以上が住んでいる世帯のうち、96.6％にカラーテレビがあります。

そのため、災害の発生時においても、たくさんの人がテレビから情報を得ようとします。テレビも、ラジオと同じように速報性に優れたメディアであり、すばやい情報収集に役立ちます。

たとえば、テレビを見ている時に大きな地震が発生した場合には、番組やコマーシャルの途中であっても、大きなチャイム音とテロップなどで「緊急地震速報」が伝えられます。この緊急地震速報とは、地震が発生した直後、最大震度5弱以上の強い揺れが予想される場合に、震度4以上が予想される地域に対して警戒をうながす情報です。

また、災害によって大きな被害が出た場合や、引き続き警戒が必要な場合には、予定されていた番組を変更して、災害に関する特別番組を放送することもあります。

テレビは映像と音声を使って情報を伝えるため、何が起こっているかを理解しやすいという特徴があります。たとえば、地震が起こった時も、その映像が放送されると、どのくらい揺れていて、どのような被害が起こっているのかを目で見て理解することができます。

しかし、テレビはより広くより多くの人たちに向けた情報発信を基本としているため、災害が起こった地域の細かい情報は放送できない場合があるので注意しましょう。ただし、NHKでは、東日本大震災のような大きな災害が発生した場合には、ニュース報道はNHK総合テレビで放送し、Eテレでは安否情報を放送するということになっているため、全国どこにいても、安否情報を確認できます。万が一の場合には活用するとよいでしょう。

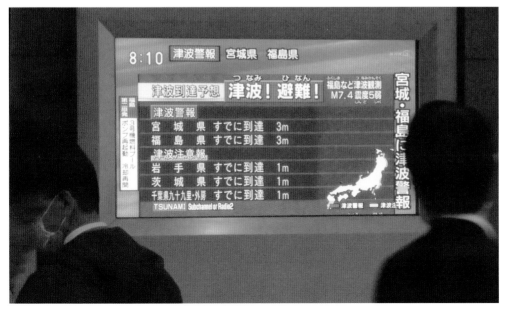

東日本大震災時、東京でも街頭テレビなどで、NHK総合テレビのニュース報道が放送された。NHKでは、大災害時には、総合テレビやラジオ第1放送がニュースを、Eテレやラジオ第2放送が安否情報を放送する（写真は、2016年11月22日の福島県沖地震時の東京の街頭テレビ）。

持ち運べるテレビ "ワンセグ"って？

「ワンセグ」とは、2006年4月1日から始まった地上波デジタル放送のサービスのひとつで、携帯電話やスマートフォンなどで見られるテレビ放送のことです。

地上波デジタル放送は、1チャンネルを13のセグメント（区画）に分割して放送していますが、このうちの「ひとつ（ワン）」の「セグメント」を使って放送されることから、「ワンセグ」と呼ばれています。

2011年の東日本大震災の時は、停電でテレビが使えなかったり、電話がつながりにくくなったりしました。そうした中で、当時は携帯電話の多くに搭載されていたワンセグ機能を使って、たくさんの人々が災害情報を収集しました。

現在ではその利用は減っているものの、今でもワンセグに対応している携帯電話やスマートフォンを使ったり、専用の

チューナーを取りつけたりすることで視聴が可能です。「持ち運べるテレビ」として使用できるため、災害時の情報収集にも役立ちます。

ただし、携帯電話やスマートフォンの充電がなくなってしまうと使えないので、電源を確保しておくことが必要です。

また、災害によって基地局が被害を受けた場合には、電波を受信できず、ワンセグのテレビを見ることができなくなる場合がありますので注意が必要です。

知りたい情報をすばやく検索 "インターネット"

インターネットを使ったメディアやSNSは、災害情報の収集においてますます重要になってきています

総務省の調査（2016年 熊本地震におけるICT利活用状況に関する調査）を見てみると、2011年の東日本大震災では、

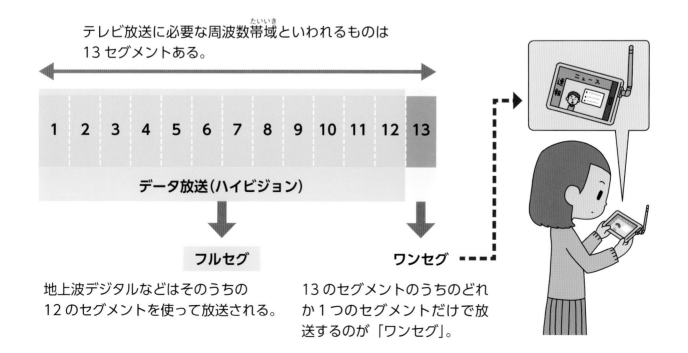

テレビ放送に必要な周波数帯域といわれるものは13セグメントある。

| 1 | 2 | 3 | 4 | 5 | 6 | 7 | 8 | 9 | 10 | 11 | 12 | 13 |

データ放送(ハイビジョン)

フルセグ

地上波デジタルなどはそのうちの12のセグメントを使って放送される。

ワンセグ

13のセグメントのうちのどれか1つのセグメントだけで放送するのが「ワンセグ」。

地震が起こった時の情報収集に「ラジオ」「テレビ」「携帯ワンセグ」の順で使われていましたが、2016年の熊本地震では「スマートフォン・携帯通話」「SNS」「テレビ」の順で利用されたことがわかります。

インターネットを使ったメディアの利用が増えている理由には、さまざまな情報をすばやく検索できることが挙げられます。テレビやラジオは、放送局などがある程度情報をまとめて発信してくれるため、見聞きするだけで理解することができます。しかしそのために、一方的な情報になりやすく、自分が知りたい情報を得られないことがあります。

たとえば、大雨によって洪水が発生した場合、全国放送のテレビやラジオでは自分が住んでいる地域の状況を詳しく知るには不十分な場合があります。

そうした時に、インターネットを使って国土交通省のホームページを見ると、どの河川で洪水が起こっているのかを調べたり、河川に設置されている監視カメラを通して河川の様子をリアルタイムで見たりできるため、避難に役立てることができます。

中　ネットワークを使ったメディアにも、弱点がある

インターネットを使ったメディアやSNSも、インターネットをつなぐ基地局が被害を受けたり、パソコンやスマートフォンの充電が切れたりすると利用できなくなってしまいます。近年の災害では停電が起こることも多いため、注意が必要です。また、携帯電話の通話や、インターネッ

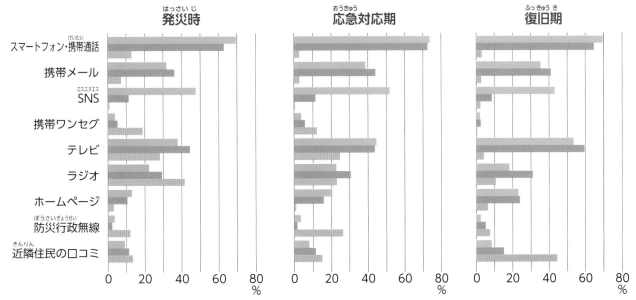

■熊本地震時と東日本大震災時の情報収集手段の違い

発災時　応急対応期　復旧期

スマートフォン・携帯通話
携帯メール
SNS
携帯ワンセグ
テレビ
ラジオ
ホームページ
防災行政無線
近隣住民の口コミ

0　20　40　60　80　%

■熊本地震（スマホを日常的に利用）　■熊本地震（スマホを日常的に利用しない）　■東日本大震災

（出典：総務省「熊本地震におけるICT利活用状況に関する調査」（平成28年）を参考に作成）

熊本地震の時は、発災時から復旧期まで、日常的にスマホを使っている人も、そうでない人も、スマートフォン・携帯通話・携帯メール・SNSの利用が多かった。しかし、東日本大震災時は、発災時・応急対応期はテレビ・ラジオが中心で、復旧期は口コミが最も多いなど、情報収集手段が少なかったことがわかる。

ト接続なども、利用が集中することで、つながりにくくなることも弱点だといえるでしょう。

SNSなら、リアルタイムの情報交換もOK！

インターネットを使うと、だれでもかんたんに情報を発信することができるため、リアルタイムで災害情報のやりとりを行うこともできます。たとえば、ツイッターを見ると、災害が起こった場所にいる人にしかわからないような情報が投稿されていることもよくあります。

そのため、場合によってはテレビやラジオよりも早く情報を入手することができることもありますし、そうした情報にコメントできるので、まるで会話をするように災害情報を集めることもできます。

実際に、熊本地震の時には自治体のホームページや SNS などがたくさんの人に利用され、こうしたメディアが災害時の情報収集に役立つことが確認されています。

フェイクニュースにだまされるな！

災害発生時には、SNS に正しい情報と間違った情報がたくさん出回り、その判断が難しくなるため注意が必要です。

たとえば、熊本地震が発生した直後には、ツイッターに「熊本で動物園のライオンが逃げた」というツイートがされ、たくさんの人が不安になりました。これはうそでしたが、約2万回もリツイートされ、熊本市動植物園に問い合わせの電話などが100件以上あったといわれています。

こうした情報は、うそや根拠のないうわさを意味する「デマ」、ニセのニュースや間違ったニュースという意味の「フェイクニュース」と呼ばれ、たくさんの人に混乱をもたらすため問題となっています。

インターネットや SNS を使って災害情報を集める時は、できるだけ政府や自治体、気象庁といった公の機関を活用するようにして、デマやフェイクニュースにまどわされないように注意することが、大切です。

大きな余震が
○月○日に
来るらしい！

明日○○地区に
食料が届く
らしい

○○町で
窃盗団が
出たらしいよ！

SNS は、リアルタイムで情報を入手できるが、情報源を確認するなどしないと、フェイクニュースの可能性もあるので注意が必要だ。

2 警戒レベル情報の読み取り方

"自分は大丈夫"がいちばん危ない！

大雨による災害は、地震や火山の噴火などに比べて、ある程度の予測ができます。そのため、死者・行方不明者が200人を超えた2018年の「平成30年7月豪雨」の時にも、気象庁からは大雨警報・注意報が発表され、自治体からは避難勧告などの情報が発信されました。しかし大きな被害を防ぐことはできませんでした。

その理由のひとつには、大雨警報・注意報や避難勧告といった災害情報の重大さが、その地域に住む人に正しく理解されなかったことが挙げられています。

なぜなら、雨によって起こる災害は身の危険を感じるまでに時間がかかるため、警報・注意報といった情報が発表されても、「自分は大丈夫」「まだ避難しなくていい」という気持ちになりやすく、すみやかな避難行動につながらないことがあるからです。

そこで政府は、平成30年7月豪雨のような被害をくり返さないために、2019年6月から5段階の「警戒レベル」を使って情報を伝達するようになりました。これによって、台風や大雨などで起こる洪水、土砂くずれ、高潮などの危険度が一目で理解できるとともに、どのような行動をすれ

ばいいのかがわかりやすくなりました。

警戒レベルと一緒に見るべき防災気象情報

警戒レベルの決定に大きく関わっているのが、「防災気象情報」です。

防災気象情報とは、気象庁や都道府県などが発表するもので、市区町村などが避難勧告の発令をするかどうかの判断を助けるとともに、住民ひとりひとりの避難に対する意識を高める情報のことをいいます。

また、警戒レベルはいつも1から5の順番で発表されるとはかぎりません。たとえば、狭い地域に急に強い雨が降る「局地的大雨」や「集中豪雨」は発生の予測が難しいため、想定以上の雨が狭い範囲にまと

「自分は大丈夫」という気持ちが逃げ遅れる原因にもなる。

まって降る場合があります。そのため、河川の水の量が一気に増えて洪水の危険が高まることがあるからです。

警戒レベル1や2を見聞きしたら、気象庁などのホームページで防災気象情報を見ておくと、避難がしやすくなります。

前 中 災害の危険度と避難行動を知らせる警戒レベル

警戒レベルは5段階で表現されます。それぞれの段階で、どのような行動をすればいいのかを知っておきましょう。

● 警戒レベル1 災害に対する心構えを高める

災害が発生する危険は低い段階といえますが、気象庁から「早期注意情報」が発表された場合は最新の情報に注意し、災害に対する心構えを高めましょう。

早期注意情報とは、人の命や社会の仕組みに被害を与える危険性が高い気象情報が予想された場合に、その可能性を「高」「中」の2段階で示すものです。

● 警戒レベル2 避難行動の確認

気象庁から「大雨注意報」や「洪水注意報」といった情報が発表されている段階で、災害が起こる可能性が高まっています。

住んでいる地域の「ハザードマップ」を見て、安全に避難するための道順や、安全を確保できる避難場所などを確認しましょう。

ハザードマップとは、自然災害による被害を小さくするために、危険が予測される場所や避難場所といった情報が書きこまれた地図のことです。大雨や洪水、地震、火山の噴火など災害に合わせたものがあります。

避難場所の確認をしよう！

● 警戒レベル3 高齢者や介護が必要な人は危険な場所から避難

気象庁から「大雨警報」や「氾濫警戒情報」などが発表され、住んでいる市町村から「高齢者等避難」が発令されます。災害が起こるおそれがあるため、避難に時間が

かかる高齢者や介護が必要な人は、避難を開始することが求められます。

また、河川の氾濫（河川の水があふれ出ること）や土砂くずれのおそれがある地域に住んでいる場合は、警戒レベル3で避難することが望まれています。

その他の人についても、警戒レベル3が発表された場合は、いつでも避難ができるように準備をしておきましょう。

● 警戒レベル4 危険な場所にいる人は全員避難

気象庁から「氾濫危険情報」や「土砂災害警戒情報」が発表され、住んでいる市区町村から「避難指示」が発令されます。災害が発生するおそれがかなり高まっているため、全員すみやかに避難しましょう。

● 警戒レベル5 命を守るための行動を

気象庁から「大雨特別警報」や「氾濫発生情報」が発表され、住んでいる市区町村から「緊急安全確保」が発令されます。

しかし、警戒レベル5は災害がすでに発生している、または目の前に迫っていることを伝える情報であるため、避難場所などへ安全に避難することが難しい場合があります。

今いる状況に応じて、少しでも高い所や頑丈な建物に移動するなど命を守る行動を取りましょう。

大雨や洪水の時には、避難が空振りになることをおそれず、警戒レベル3や4が発表された時点で早め早めに避難を開始しましょう。自分の命は自分で守るという意識を持ち、地域に住む人とも声をかけあいながら避難することが大切です。

※警戒レベル3・4・5の内容は、2021年夏ごろの法改正での変更予定の内容です。

警戒レベル5では、状況を見て、どんな避難が安全かを判断する。

3 情報伝達経路はどうなっているか

警戒レベル情報の伝わり方

これまで見てきた警戒レベルは、気象庁がレベル1、2の発表を行い、市区町村がレベル3、4、5を発表します。

こうした機関から警戒レベルが発表されると、テレビやラジオ、インターネットを使ったメディア、自治体のツイッター、防災行政無線などのさまざまなメディアを通じて、わたしたちに伝達されます。

防災行政無線とは、住んでいる地域の屋外に設置されたスピーカーなどから災害情報を放送する仕組みで、災害時の情報収集に欠かせないメディアのひとつです。

たとえば、ある地域で警戒レベル4が発令された場合、防災行政無線から警戒レベルや災害の危険、避難の行動などが呼びかけられます。

災害時は積極的に情報を収集する！

災害情報の入手は、災害の種類、住んでいる地域、利用するメディアによって大きく変わってきます。そして、災害の被害を少なくするには、ひとりでも多くの人に災害情報が届かなくてはなりません。そこで、政府や自治体はいろいろなメディアや手段を使って、さまざまな状況にある、あらゆる世代の人に災害情報が伝わるような仕組みを整備・改善しています。

たとえば、テレビやラジオ、スマートフォンなどを通して伝達される警戒レベルや緊急地震速報なども、そうした仕組みのひとつです。ひとりひとりが情報収集を行わなくても情報が送られてくるため、「PUSH（プッシュ）型」の情報伝達と呼ばれています。

しかし、PUSH型の情報伝達だけでは、災害情報を十分に入手することはできません。目の前に迫っている災害から身を守るには、気象庁や自治体のホームページ、SNSなどを使って自ら情報を集めていく「PULL（プル）型」の行動が求められます。

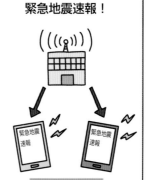

緊急地震速報！

PUSH型　　　　PULL型

同じスマホの情報でも、何もしなくても届く緊急地震速報（エリアメール）はPUSH型で、自分で検索するのはPULL型といえる。

公の機関の情報を基本に SNSをプラス

自分で災害情報を調べる時は、まず政府や自治体などの信頼できる機関から情報を得るようにしましょう。その後で SNS などを使って情報を集めれば、デマやフェイクニュースにまどわされにくいからです。

災害は、いつ発生するかわかりません。家族と一緒にいる時に起こることもあれば、ひとりで屋外にいる時に起こるかもしれません。災害が起こる場所によっては、今いるところが危険になることもあれば、避難場所になることもあります。

ひとりひとりの状況が異なるからこそ、自分で情報を集めて行動することが必要なのです。

防災行政無線は、まだ100%普及しているわけではないので、早急に整備されることが望まれている。

Jアラート
～国民の命を守るため、危険をいち早く伝える仕組み～

　Jアラートとは、主に大きな地震や津波などの自然災害の発生、弾道ミサイルの攻撃など、一刻を争う事態が起こったときに、国民に正確な情報を迅速に伝える仕組みのことです。正式には「全国瞬時警報システム」といい、消防庁が主体となって全国の自治体と連携し、2007年から運用されています。

　緊急地震速報、津波警報、気象警報などの防災気象情報は気象庁から、また、弾道ミサイル攻撃に関する情報（武力攻撃情報）など国民保護に関する情報は内閣官房から送られ、消防庁の送信設備を経由し、全国の都道府県、市区町村等に送信されます。

　さらに現在は、地方自治体経由による伝達とは別に、国から携帯電話会社に配信したJアラート情報を個々の携帯電話利用者にメール（エリアメール・緊急速報メール）で伝達する方法も整備されています。

　Jアラートでは、確実な情報伝達のため、ひとつの手段が機能しない場合に別の手段で補うことが可能となるように、情報伝達には、防災行政無線、コミュニティ放送やCATV（ケーブルテレビ）放送、インターネット経由の音声告知端末、住民向け登録制メールなど、複数で多様な伝達手段が整備されています。

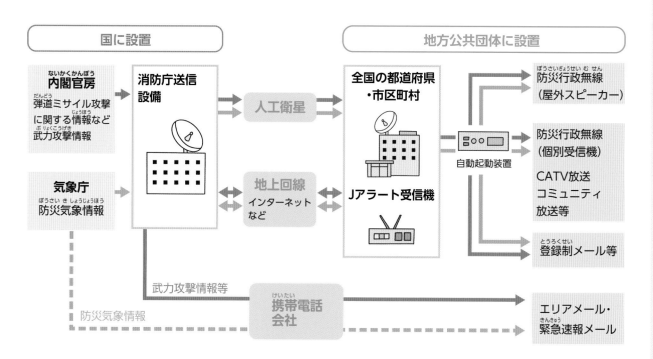

（出典：『平成29年版　消防白書』総務省消防庁を参考に作成）

第 2 章

安全な避難のために

1 備えておきたい防災グッズ

防災グッズは工夫次第でもっと役に立つ

災害を乗り切るためには、防災グッズを備えておくとともに、きちんと活用できることが大切です。最低限は備えておきたいものや、災害時の使い方などを見ていきましょう。

＜情報機器など＞

●ラジオ

携帯できるラジオは災害情報を得るために欠かせない防災グッズのひとつです。

最近では、乾電池式の携帯ラジオだけではなく、手回しで充電できるものもあり、災害時の停電にも使用できるので非常に便利です。さらにスマートフォンでも専用アプリを入れることでラジオを受信できます。

乾電池式のラジオは乾電池がなければ使用できません。防災グッズとして備えておく場合には、乾電池を確保しておくことも忘れないようにしましょう。

●スマートフォンなど

携帯電話やスマートフォンは、万が一、家族が別々に避難しなければならない場合や、離れて暮らす親戚などと連絡を取り合う上でも重要です。

また、インターネットに接続可能なら、SNSによる災害情報や公的機関の情報なども入手できます。

ただし、スマートフォンなどの充電が不十分だと避難などが長引いた時に使えなくなります。ですから、防災グッズのひとつとして、充電ケーブルや、乾電池で使える充電器と乾電池を必ず用意しておくようにします。

乾電池を入れっぱなしで電池切れしている！

……

＜避難用具など＞

●懐中電灯

災害は夜にも発生します。万が一、夜に災害が発生し、停電になれば周りは真っ暗です。懐中電灯を1人1台用意しておき、予備の乾電池も備えておきましょう。

また、水が入ったペットボトルの底に懐中電灯を当てると、光が反射して広い範囲を明るくすることができます。

●ホイッスル（笛）

地震などでがれきの下に閉じこめられた時に、救助してもらうためには「音」を出して自分の存在を知らせることが大切です。しかし、けがをして大きな声を出せないことや、身動きが取れないこともあります。そうした場合にも、防災用のホイッスルなら少ない息で大きな音を出すことができます。

●防寒グッズ

寒い季節に災害が起こって電気やガスが止まってしまうと、暖房器具が使えないため防寒対策が難しくなります。東日本大震災は３月に起こったため、たくさんの人々が寒さに苦しみました。そのため、電気やガスがなくても暖をとれる防寒着や毛布、携帯用カイロなどを用意しておきましょう。

また、身近にあるものを使って暖をとることもできます。新聞紙やラップを体に巻き付けたり、段ボールや発泡スチロールなどを床に敷いたりすると保温することができます。

●雨具

雨の中の移動も考えて、レインコートや傘なども備えておきましょう。

しかし、雨だからといって長靴で避難することはたいへん危険です。長靴の中に水が入ってしまうと、かえって動きづらくなるからです。雨の中を避難する場合は、普段から履き慣れている動きやすい靴を使いましょう。

●非常用持ち出し袋

こうした災害用のグッズや備蓄品の一部は、非常用持ち出し袋に入れて、玄関やリビングなど、持ち出しやすい場所に置いておきましょう。あらかじめ用意しておけば、避難する時にすばやく持ち出すことができます。

災害が起こると、電気、ガス、水道などが止まってしまうことが多くあります。また、避難した先に、十分な物資が備蓄されているともかぎりません。そのため、身の回りにあるものを工夫して利用することが大切なのです。

＜食料など＞
●水

わたしたちは毎日、飲み水、料理に使う水、手を洗う水、トイレを流す水、風呂の

水など大量の水に支えられて生活しています。しかし、災害によって水道が止まってしまうと、あっという間に水が不足してしまいます。

そのため、飲み水は1人1日3リットルを目安に3日分を備えておきましょう。また、飲み水とは別に、ポリタンクなどの容器に水道水を入れておいたり、風呂に入った後の水を捨てずに残しておいたりすると、さまざまな場面で利用することができます。

災害時には、貴重な水をむだにしないように、節水の方法も知っておきましょう。たとえば、料理を作る時は、キッチンバサミなどを使って食べ物を切ると、まな板を使わずにすむため洗う水を節約することができます。また、食器をラップで包んで使用すれば、汚れてもラップを取り換えるだけでくり返し使えます。

1人1日3リットル × 3日分

●食べ物

水や熱湯を加えるだけで食べられるアルファ米、レトルト食品、カップめんをはじめ、長期間の保存ができる缶詰や乾パン、ビスケット、チョコレートなどを備えましょう。

しかし、こうした保存食は一度備えると再確認することが少ないため、いざという時に賞味期限が切れていることもあります。

そのため、食べ物を備蓄する時には、「ローリングストック」を取り入れると効果的です。ローリングストックとは、英語のrolling（回す）とstock（蓄える）を組み合わせた言葉で、毎日の生活の中に食べ物の備蓄を取りこむという考え方です。

下の図のように、普段の食事にも使える食材や加工品を少し多めに買っておいて備蓄品として保存しながら、食べた分を買い足していくものです。こうすることで、食べ物の備蓄を一定の量に保つことができるとともに、賞味期限切れを防ぐことができます。

災害時はこうした保存食が中心の食生活になりやすいため、栄養がかたよってしまい、体調不良につながることがあります。

さまざまな食材を備えておいて、できるかぎりバランスを考えて食べるようにしましょう。

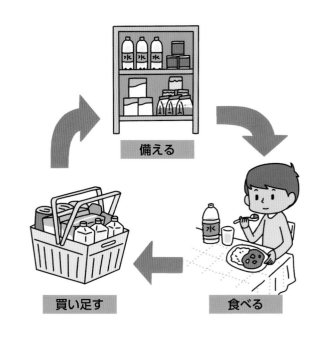

備える

買い足す

食べる

また、温かい料理は気持ちをやわらげてくれます。食べ物と一緒にカセットコンロも用意しておき、温かい料理が食べられる工夫をしましょう。

●救急用品

割れた窓ガラスなどで、けがをすることがあります。すぐに手当てができるように、ばんそうこうや包帯、消毒液なども備えておきましょう。

もしけがをしてしまったら、すぐに応急処置をしましょう。切り傷などの傷口が砂や泥で汚れている時は、水で洗ってから止血しましょう。止血の時には、血液に直接触れないようにゴム手袋やビニール袋などを利用し、ガーゼや清潔な布を当てて手で強く圧迫します。

やけどの場合は、すぐに水で冷やしましょう。断水している場合はペットボトルの水などを活用しましょう。

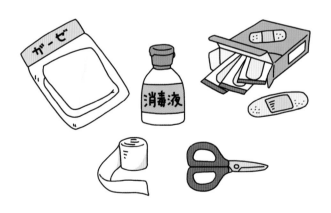

●衛生用品

マスクや消毒用アルコール、せっけん、ハンドソープ、ウェットティッシュなどの衛生用品も準備しておきましょう。また、災害時の避難生活では、食事や衛生面の悪化によって体調をくずしやすくなりま

す。風邪薬などの薬もあると安心です。

避難所へ行くとたくさんの人が集まっているため、風邪などの病気がうつりやすくなります。避難先ではマスクをしっかりして、手洗い・うがいをしましょう。水がない時には、消毒用アルコールが入っているティッシュなどを使いましょう。

●生活用品

洗面用具、トイレットペーパーやティッシュペーパーなど、生活に欠かせないものの備えに加えて、ライターやろうそく、軍手も備えておきましょう。

水なしでも使える歯磨きグッズや、汗や汚れを拭き取れるシートなどがあると、体を清潔に保つことができます。

防災用の備品や食料の備蓄などは、その後の点検を忘れると、いざという場合に使えないということにもなりかねません。食料が賞味期限切れになっていたり、乾電池式の充電器に乾電池を入れっぱなしにして、電池切れしていたりということです。

そうならないようにするためには、たとえば、9月1日（関東大震災）や3月11日（東日本大震災）など特別な日を点検日にするなどの工夫をするとよいでしょう。

2 避難のための情報収集

ハザードマップなどで事前確認！

自治体が作成しているハザードマップは、災害時には非常に重要なメディアであり、情報源です。ハザードマップで、普段から次のことを確認しておきましょう。

❶ 地域のリスクを知ろう

自分の住んでいる地域には、災害時にどのような危険があるのかを知っておくことは、災害時の避難のタイミングや避難ルートを考える上でとても大切です。ハザードマップだけでなく、国土交通省「ハザードマップポータルサイト」も役立ちます。

❷ 避難場所・避難ルートを確認しよう

いざ災害が起こると、普段通りに行動することはななかなかできません。そのため、安全に避難するには、前もって避難場所とそこまでの避難ルートを確認しておきます。

どこに避難すればいい？

❶ 避難場所と避難所って何が違うの？

避難場所とは、目の前に迫っている災害から身を守るため、一時的に避難する場所です。地震や津波、大雨、土砂くずれなど、災害に合わせて指定されています。

一方、避難所は、災害によって自宅が危険な場合に、その危険がなくなるまで滞在する所です。また自宅がこわれてしまった場合に、次の住まいが見つかるまでの施設で、多くの場合、学校や公民館が避難所になります。

❷ 水平避難？　垂直避難？

水平避難とは、避難場所や避難所へ移動することをいいます。

垂直避難とは、自宅や建物の上へ移動する避難です。避難ルートが火災や河川などの氾濫などで、移動することが逆に危険になった場合や、予想外の大雨などで逃げ遅れてしまった場合に、垂直避難をします。

最新情報でより安全な場所へ避難を！

避難場所・避難所は、災害から命を守るための重要な場所ですが、災害の種類によっては、それらが必ずしも安全であるとはかぎりません。災害は状況が時々刻々と変わっていきます。最新の情報を確認しながら、より安全な場所への避難をしましょう。

■水害から安全に避難するための情報収集事例

事前に入手する情報

○事前情報
ハザードマップや国土交通省「ハザードマップポータルサイト」で「地域の危険な場所」と「避難場所・避難ルート」を、あらかじめ確認しておく。

事前に確認しておく

浸水予測の場所
浸水の深さなどを確認

避難路を実際に歩き、避難時に危険な場所を確認

○災害前情報
テレビ・ラジオ・インターネット等で大雨や台風の進路や規模などの予測を見る。自分の住んでいる地域に、被害がありそうか、それはいつごろなのか、など。

大雨・台風の予測情報あり

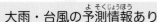

台風の上陸予定時間は?
この地域に被害はある?

○避難場所・避難所情報
避難場所・避難所は、主に自治体が開設する。スマートフォンやパソコンで、どこに開設されたのか、空き状況はどうなのかなどを、自治体のホームページから確認する。

避難準備をする

水害のときの避難場所は?

非常用持ち出し袋をチェック

災害発生時に入手する情報

○避難ルート情報
ラジオやスマートフォンなどで刻々と変化する災害情報などを入手し、より安全な場所へ避難する。災害によっては、浸水や火災などで避難を予定していた場所が使えなくなっていることもあるので、その確認も大切。

避難するかしないかの判断は人任せにしない。
ラジオ・テレビなどのメディア情報や、行政機関からの情報、自分の目と耳で確かめた情報から自分で判断する。

避難を開始する

雨が本降りになる前に避難

夜間の避難は危険
大雨で道路が水没している場合も

○水平避難・垂直避難
各種メディアからの情報で状況を判断し、より安全な場所へ避難する。

自宅や近所の高い建物への避難がいちばん確実で安全

安全な避難場所を確認してから移動

水平避難

垂直避難

河川の氾濫などで避難場所に行けない場合は、洪水の危険がない地域にある親戚や友人の家なども避難する場所として考える。

避難情報には、災害が発生する前に入手し、確認しておく情報と、発生時に入手する情報がある。災害が発生し、いざ避難する時には、それらの情報を総合的に判断し、より安全な場所へ、より安全な方法で避難することが重要。

3 避難についての判断のポイント

災害ごとに避難のタイミングは異なる

どこへ避難するのかと同じように、いつ避難するかも、身を守るために重要です。

しかし、これまでに経験したことがないような災害が起こると、多くの人は冷静さを失い、普段はできている判断や行動ができなくなることがあります。

2018年の「平成30年7月豪雨」の後に行われたアンケート調査でも、たくさんの人が「被害にあうとは思わなかった」と考え、避難をしなかったことがわかっています。

災害が起こった時にきちんと身を守れるように、それぞれの災害について、避難するタイミングを知っておきましょう。

緊急地震速報で避難を考える−地震−

地震の揺れの強さは「震度」という言葉で表現され、震度0、1、2、3、4、5弱、5強、6弱、6強、7の10段階にわけられています。

震度5弱以上の地震でさまざまな被害が発生し始めるため、気象庁では緊急地震速報を発表し、テレビやラジオ、スマートフォンなどを通して警戒を呼びかけます。メディアで緊急地震速報を見聞きした場合は、避難を考えるひとつのポイントになります。

また、震度とともに使われる言葉に「マグニチュード」があります。これは地震そのものの大きさを示すもので、マグニチュード7.0以上を大地震、8.0以上を巨大地震と呼ぶことがあります。こうした表現をメディアで見聞きした場合も避難を考える基準になります。

揺れがおさまってから余震に注意して避難する

家にいる時に大きな地震が起こった場合は、まずは丈夫な机の下などにもぐりこんで身を守りましょう。あわてて外に避難しようとすると、かえって危険になるからです。

学校やデパートなどの施設にいる時は、先生や施設の人の指示に従って、勝手な行動をしないようにしましょう。人がたくさんいる場所で自分勝手に避難をすると、出入り口などに人が集中して危険だからです。

揺れが落ち着いたら、テレビやラジオ、

スマートフォンなどのメディアを使って地震の情報を入手し、「余震」があるかどうかなどに注意しましょう。余震とは、大きな地震が起こった後にも、引き続き地震が発生することをいいます。

最初の地震によって建物が被害を受けている場合には、余震で倒れてしまう危険が高くなるため、余震の情報が避難を考えるポイントになるからです。

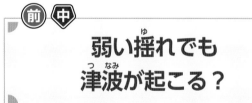

危ないと思ったら迷わず避難 −津波−

地震によって発生することが多い津波ですが、津波の危険がある場合は「すぐに避難」がポイントです。

地震発生から約3分で大津波警報・津波警報・津波注意報が発表され、テレビやラジオ、スマートフォンなどのメディアを通してわたしたちに伝達されます。しかし、緊急地震速報が発表されるような強い揺れを感じた時は、津波の発生を予想してすばやく避難しましょう。

津波は陸に近い場所でも時速36kmというオリンピックの短距離走選手並みのスピードで迫ってくるため、津波がきていることを確認した後で避難を始めても、逃げきれないからです。

弱い揺れでも津波が起こる？

また、弱くてもゆっくりとした揺れを長く感じた場合も、すぐに高台に避難しましょう。このような揺れが発生した時は、たとえ震度が小さくても津波が起こる危険があるからです。こうした地震を「津波地震」と呼ぶこともあります。たとえば、1896年に発生した「明治三陸地震」では、震度4程度の揺れであったにもかかわらず大きな津波が沿岸部をおそい、2万人以上の犠牲者が出ています。

また、揺れを感じていないのに、津波がやってくることもあります。1960年に南米のチリで発生した「チリ地震」では、地震の発生から約22時間半後に、日本の沿岸部に津波がやってきました。こうした津波もあるため、津波が発生しそうな揺れを感じたり、津波警報・注意報を見聞きしたりしたら、すぐに避難するようにしましょう。

避難した後も必ず最新情報をチェック！

避難する時は、「津波避難場所」や「津波避難ビル」に指定されている場所を目指しましょう。津波避難ビルとは、津波が発生した時に、一時的な避難場所として使用できる丈夫な建物のことです。

津波の高さは地形によっても変わり、川から津波がやってくることもあります。津波警報・注意報で予想された高さよりも高い津波がやってくる場合もあります。今いる場所で大丈夫だと安心するのではなく、より安全な場所に避難することを意識しましょう。

また、津波はくり返しやってくることがあるため、常に最新の情報をメディアで確認し、津波警報・注意報の解除を見聞きするまで安全な場所にいることが大切です。

前 中 早めの避難が命を守る －台風、大雨、洪水－

台風や大雨の時の避難は、警戒レベル情報の読み取り方（18、19ページ）で解説した「警戒レベル3、4」が基準になりますが、台風の風が強くなったり、大雨で道路が水に浸かってしまったりすると避難が難しくなります。また、暗くなってからの避難も危険です。テレビやラジオ、インターネットなどのメディアを使って最新情報を集めるとともに、政府が作成した「避難行動判定フロー（2020年5月29日刷新）」を参考にして早め早めの行動を心がけましょう。

2015年9月7日に発生した台風第18号で、道路が冠水し、車が水没した（栃木県大平町にて9月10日撮影）。

あなたがとるべき避難行動は？ 必ず取り組みましょう

ハザードマップ※で自分の家がどこにあるか確認し、印をつけてみましょう。

※ハザードマップは浸水や土砂災害が発生するおそれの高い区域を着色した地図です。着色されていないところでも災害が起こる可能性があります。

家がある場所に色がぬられていますか？

いいえ → 色がぬられていなくても、周りと比べて低い土地や崖のそばなどにお住まいの方は、市区町村からの避難情報を参考に必要に応じて避難してください。

はい

災害の危険があるので、原則として※、自宅の外に避難が必要です。

例外 → ※浸水の危険があっても、
①洪水により家屋が倒壊または崩落してしまうおそれの高い区域の外側である
②浸水する深さよりも高いところにいる
③浸水しても水がひくまで我慢できる、水・食糧などの備えが十分にある
場合は自宅に留まり安全確保をすることも可能です。

ご自身または一緒に避難する方は避難に時間がかかりますか？

はい | **いいえ**

安全な場所に住んでいて身を寄せられる親戚や知人はいますか？

安全な場所に住んでいて身を寄せられる親戚や知人はいますか？

はい | **いいえ** | **はい** | **いいえ**

警戒レベル3が出たら、**安全な親戚や知人宅に避難しましょう**（日ごろから相談しておきましょう）

警戒レベル3が出たら、**市区町村が指定している指定緊急避難場所に避難しましょう**

警戒レベル4が出たら、**安全な親戚や知人宅に避難しましょう**（日ごろから相談しておきましょう）

警戒レベル4が出たら、**市区町村が指定している指定緊急避難場所に避難しましょう**

（出典：「内閣府防災情報のページ」ホームページ）

噴火速報で避難を準備する
－火山噴火－

日本には、北方領土の11をふくめ111の活火山があり、そのうち50の活火山は、24時間体制で警戒されています。活火山とは、噴火を起こす可能性がある火山のことで、「おおむね1万年以内に噴火したことがある火山および、現在も活発な動きをしている火山」とされています。

火山の噴火が起こると、大きな岩石が飛んでくる「噴石」や、高温のマグマが流れ出る「溶岩流」、噴出した火山灰や火山岩塊などが高速で流れだす「火砕流」などが発生し、広い範囲に被害がおよびます。

そのため、避難の判断を助ける情報として「噴火警戒レベル」が発表されます。噴火警戒レベルは、火山活動の状況に応じて「警戒が必要な範囲」と「とるべき防災対応」が5つのレベルで表現されます。

また、火山が噴火したことは、「噴火速報」でいち早く伝えられます。この情報をテレビやラジオなどで見聞きしたら、警戒を強め、身を守る行動を取りましょう。

頭や体を守りながら
避難する

避難をする時は、噴石などでけがをしないように、ヘルメットをかぶりましょう。用意がない場合は、カバンなどで頭を守るようにしましょう。また、火山灰は体に有害なため、吸いこんだり、皮ふに触れたりすると危険です。マスクの着用や長袖の服を着るなどの対策も大切です。

もし登山中に噴火が起こった場合は、すぐに近くの山小屋などに避難することが必要です。そうした場所がない場合は、岩の陰などに隠れてカバンなどで身を守りましょう。

種別	名称	対象範囲	レベルとキーワード		とるべき行動
特別警報	噴火警報（居住地域）または噴火警報	居住地域およびそれより火口側	レベル5 避難		危険な居住地域からは避難する。
			レベル4 避難準備		避難の準備をする。お年寄りなどは状況次第で避難する。
警報	噴火警報（火口周辺）または火口周辺警報	火口から住居地域近くまで	レベル3 入山規制		通常の生活だが、状況次第でお年寄りなどの避難準備。
		火口周辺	レベル2 火口周辺規制		通常の生活。
予報	噴火予報	火口内等	レベル1 活火山であることに留意		

（出典：気象庁ホームページを参考に作成）

第 3 章

災害直後のデマ・フェイクニュースへの対応

1 災害発生中・直後のソーシャルメディア活用術

中 後

災害発生中・発生直後はデマが飛び交う

地震の場合、災害発生中の時間は長くても数分です。しかし、その後に発生する津波や、火災などによって、二次災害が長い時間続いたりすることがあります。

また、台風の場合には、自分が住んでいる場所が暴風圏に入ってから、台風の影響が完全に抜けるまでに、何時間も、場合によっては半日以上の時間がかかることもあります。どこまでが災害発生中で、どこからが発生後なのか、判断することが難しい場面もあります。

ただし、発生中であろうと、発生後であろうと、できるだけ早いタイミングで、できるだけ正確な情報を入手することが、とても大事であることは変わりません。

情報を入手する方法はいろいろありますが、発生中もしくは発生直後においては、ツイッターなどのSNS（ソーシャル・ネットワーキング・サービス）がとても役立ちます。しかし一方で、災害時には非常にたくさんの情報が投稿されるため、自分がほしい情報を見つけられなかったり、デマやフェイクニュースが多数飛び交ったりするなどの問題も抱えています。

そうしたSNSの特性をきちんと理解して、デマやフェイクニュースにまどわされず、安全に避難することは、災害発生中と発生直後には、特に大切になります。

台風などで自宅にいると、外の様子がわからず、不安になってフェイクニュースを信じてしまう。

だれかに聞いた話より 一次情報を信じる

そもそも情報は、大きく「一次情報」「二次情報」「三次情報」にわけられ、情報の信頼性が変わっていきます。

一次情報とは、自分が経験した情報や、ある物事を調べた人だけが知っている情報、公的な機関が発表する情報などを指します。

二次情報とは、一次情報をもとに編集された情報などをいいます。

三次情報は、情報源がわからない情報などを指します。主に人から聞いた情報であるため、伝聞情報ともいえます。

たとえば災害から避難をする時に、同じような災害を経験したことがある人の一次情報と、SNSで見聞きしたという人の三次情報とでは、どちらが信じられるでしょうか。

SNSなどのソーシャルメディアにはこうした情報が混じり合っているため、一次情報を優先する必要があるのです。

どこからの情報なのかがわかるように伝える。

情報の元がわからない伝聞情報をうのみにしない。

まずは公の機関の情報を調べる

近年では、政府や自治体、気象庁といった公の機関も、積極的にソーシャルメディアを使って情報発信をしています。

こうした機関には、災害について詳しい専門家がたくさんいるため、情報の信頼性が高い一次情報といえます。

ソーシャルメディアは、場合によっては、テレビやラジオなどの四大メディアよりも速く知りたい情報を手に入れることができるため、正しい情報を入手する方法を知っておけば、災害時の情報収集において有効なツールになります。

なりすましサイトに注意！

しかし、政府や自治体、公の機関になりすました偽サイトなどが問題になっているため、ソーシャルメディアを活用する時は注意が必要です。

実際に、新型コロナウイルス感染症が流行した時には、厚生労働省のホームページになりすましたホームページが見つかっています。そのため、公の機関のソーシャルメディアであるかどうかの見分け方を知っておきましょう。

偽サイトを見分ける方法のひとつは、サイトのアドレスである URL をしっかり確認することです。「.gq」「.cf」「.tk「.ga」「.ml」といった見慣れないものが入っているものは注意が必要です。

また、ツイッターであれば、39ページの写真のように「ブルーの認証済みバッジ」がついたアカウントがあります。このマークは、政府や公の機関をはじめ、有名企業や著名人などのアカウントが本物であることをツイッター社が確認している印のため、なりすましを見分けるひとつの目安になります。

必ず元の情報を自分で確認する

台風などの災害であれば発生前から、情報を入手することは大切です。また、災害発生中や、災害直後などにも、さまざまな関連する情報を入手する必要に迫られます。そんな時は SNS がとても役立つことは間違いありません。しかし、だれもが情報発信者になれるという SNS の特徴に注意して、たとえどんなに信頼できる友だちからの情報であったとしても、必ず一次情報を自分で確かめる慎重さが必要です。

たとえば「近くの河川が氾濫するらしい」という情報が友だちから送られてきたら、市区町村の運営するホームページやツイッターなどで確認することが重要です。

また、もし自分が発信側になる場合には、「役所のホームページに、○○の情報が出ていた」というように、どこからの情報なのかを明記するようにしましょう。

フェイクニュースのすべてが"悪意"ではない？

フェイクニュースのほとんどは、悪意やおもしろ半分で発信されます。しかし、フェイクニュースの問題を難しくしているのは、そのすべてが"悪意"によって発信されるわけではないところにあります。

たとえば災害で断水した時に、「○○で水を得られる」という情報を知ったとします。その情報が重要であればあるほど、あなたは"善意"から友だちにも教えてあげたいと思うでしょう。しかし、その情報を友だちに伝えた後で、それが根拠のないフェイクニュースだとわかったらどうでしょうか。

あなたは良かれと思ってその情報を伝えていても、受け取った友だちは「うその情報を教えられた」と感じてしまうかもしれません。

また、情報の一部に事実ではないことがふくまれていることもあります。たとえば、東日本大震災の時の「製油所の火災で、有害物質の雨が降る」というデマに関しては、「製油所の火災」は事実でしたが、「有害物質の雨が降る」という情報は誤った情報でした。

■ ツイッター社が"本物である"と確認していることを示す、ブルーの認証済みバッジ

認証済みバッジ

ツイッター社のホームページでは、「ツイッターのブルーの認証済みバッジ」が、「著名人のアカウントなど、世間の関心を集めるアカウントが本物」であることを示していることを明らかにしている。間違いなく公的な機関のツイッターであることを確認する上で、重要なマークだ。

2 フェイクニュースに気をつけろ！

SNSの登場で情報収集が大きく変化！

　1990年中ごろまで、わたしたちは四大メディア（新聞、雑誌、ラジオ、テレビ）を中心に情報収集をしてきましたが、そこにインターネットが加わったことで、情報の手に入れ方は大きく変わりました。

　そうした変化をさらに推し進めたのが、SNS（ソーシャル・ネットワーキング・サービス）です。

　さらに、近年ではスマートフォンの普及によってだれもが手軽にインターネットにアクセスできるようになったため、SNSは普段の情報収集だけではなく、災害時の情報収集においても重要な役割を果たすようになってきています。

SNSのメリット：だれでも情報を発信できる

　SNSの活用が広がったことによって、場合によっては、四大メディアよりも速く災害情報を知ることができるようになりました。

　また、だれでもかんたんに情報を発信することができるようにもなりました。たと

えば、住んでいる家の近くで火災が起こった時に、ツイッターなどを利用すると、火災の状況を即座に発信することができます。さらに、その情報を友だちが見てリツイートすると、さらに多くの人にすばやく情報が届きます。

　このように、自分が発信した情報にリアルタイムでだれかが反応したり、だれかが発信した情報に自分が反応したりできることは、SNSの大きな特徴です。

SNSのデメリット：情報の信頼性が低くなる

　だれでも情報を発信できるようになった反面、「情報の信頼性」は低くなったといえます。情報の信頼性とは、「その情報が正しいと信じることができる確からしさ」です。

　たとえば、ある災害についての記事を新聞社が書く時には、災害が起こった地域に住んでいる人などに取材をしたり、過去の文献を調べたりした上で作成されます。さらに、専門知識を持ったさまざまな人が、その内容が正しいかどうかをチェックするため、信頼性が高くなります。

　ところがSNSの場合は、専門知識を持っていなくても、発信する人の判断だけで情

報を発信できてしまうため、どうしても情報の信頼性が低くなってしまうのです。

また一方で、知らず知らずに間違った情報を発信してしまうこともあります。たとえば、SNSで「明日の正午に、東京で地震が起こる！」という投稿を見たら、その危険をみんなに知らせたいと思うかもしれません。しかし、そもそもこんな地震予知はできないのです。自分に悪気はなくても、情報の信頼性という意味で大きな問題になってしまうのです。

SNSには ウソの情報もある!?

災害時の情報収集には、速さと正確さが求められます。SNSはすばやく情報を手に入れることができる反面、デマやフェイクニュースに気をつけなければなりません。

「デマ」とは、わざと流されるウソの情報や根拠のないうわさ話を意味する言葉で、フェイクニュースとは「ニセのニュース、間違ったニュース」という意味の言葉です。

災害時には、SNSでこうしたデマやフェイクニュースが生まれやすく、また広がりやすくなるからです。

フェイクニュースを 見分けろ！

デマやフェイクニュースにまどわされな
いためには、見聞きした情報をうのみにしないことが大切です。あやしい情報を見た時はすぐに信じるのではなく、どこからその情報が発信されたのかを調べましょう。

たとえば、自分の興味を引いた情報の出所が、見ず知らずの人や、友だちの友だちの友だち…といったものであれば、その情報の信頼性は低い可能性があります。

また、警視庁ではデマやフェイクニュースを見分けるヒントをホームページ上に掲載していますので、参考にしましょう。

■見分ける5つのポイント

① 人の目を引く表現が多い
② 生命や金銭に関わる内容
③ 情報源が具体的に記載されていない
④ 伝聞形式で書かれている
⑤ 拡散を勧めている

疑わしい情報の文例

①緊急事態です!!!!!

○月×日に②富士山が噴火することが、③東京の大学の研究機関から発表されました。この研究機関は以前に、別の火山の噴火を的中させており、今回も絶対確実な情報④らしいです。
大至急、⑤周りの人に伝えてください!!!

3 災害時に実際に広がった デマ・フェイクニュース

災害時、デマやフェイクニュースは必ずある!?

大きな災害が発生すると、そのたびに、いろいろなデマやフェイクニュースが飛び交い、人々を不安な気持ちにさせてきました。あってはならないことですが、この先も、デマやフェイクニュースがなくなることはないでしょう。だからこそ、わたしたちひとりひとりが、注意深く、情報やメディアに向き合わなければならないのです。

ここでは、実際にどんなデマやフェイクニュースが発生したのかを、比較的最近の事例で見ていくことにします。

ニュースなどで見たものもあるかもしれませんが、あらためて確認しておきましょう。

東日本大震災　「外国人の犯罪が行われている」

2011年に発生した東日本大震災においても、1923年の関東大震災の時と同じように「外国人の犯罪が行われている」というデマが広がりました。

関東大震災の時のような悲劇は起こりませんでしたが、このデマについて、2017年に東北学院大学の郭基煥教授が調査したところ、デマを信じた人が8割以上もいたことがわかっています。

また、デマの情報源としては、「家族や地元住民」による口コミに次いで、「インターネット」が多かったこともわかっています。

そのため、こうしたデマが広がることを止めるために、警察や地元メディアが「デマに注意してください」という情報を発信することになりました。

熊本地震　「ライオンが動物園から逃げた」

2016年に発生した熊本地震では、ライオンが街中を歩く写真とともに「地震のせいでうちの近くの動物園からライオン放たれたんだが 熊本」というツイートが、ツイッターで広がりました。

このデマは約2万回もリツイートされたため、熊本市動植物園に100件以上の問い合わせの電話などがあったそうです。

デマを流したのは、地震があった熊本県から遠い、神奈川県に住む21歳の男性でした。この男性は、デマによって熊本市動植物園の業務を妨害した罪で逮捕されました。

大阪府北部地震
「市の全域で断水している」

2018年6月に発生した大阪府北部地震では、「京セラドーム大阪の屋上にヒビがはいった」「箕面市の全域で断水している」といったもののほかに、熊本地震の時のような「シマウマが逃げた」といったデマが広がりました。

「大阪府北部地震（うわさ・流言）に関する調査」を行った東京大学と株式会社サーベイリサーチセンターの調査結果によると、こうしたデマは、主に「テレビ」と「ツイッター」から見聞きした人が多かったことがわかっています。

また、「京セラドーム大阪の屋上にヒビ」というデマを信じた人は、見聞きした人のうちの約3割程度で、「シマウマが逃げた」については、信じた人はわずか1割だったそうです。それに対して、「箕面市の断水」については6割以上もの人が信じたことがわかっています。

こうしたことから、ライフラインに関する情報は重要性が高いため、デマやフェイクニュースであっても信じられやすく、また広がりやすいことがわかります。

新型コロナウイルス感染症
「トイレットペーパーが不足する」

2020年から流行した新型コロナウイルス感染症においては、非常にたくさんのデマやフェイクニュースが流れました。

総務省の調査では17の具体例が挙げられています。その中のいくつかの例を挙げてみます。

● 新型コロナウイルスは熱に弱く、お湯を飲むと予防に効果がある
● 納豆を食べると新型コロナウイルス予防に効果がある
● ビタミンDは新型コロナウイルス予防に効果がある
● トイレットペーパーは中国産が多いため、新型コロナウイルスの影響でトイレットペーパーが不足する
● 新型コロナウイルスについて、中国が「日本肺炎」の呼称で広めようとしている

こうした情報の多くには、新型コロナウイルスの予防に効くといった医学的な根拠のないものや、特定の集団を敵視するようなものがふくまれていました。

また、デマやフェイクニュースを信じてトイレットペーパーや納豆を買い占める人が増えたため、日本各地でそれらの商品が品薄となり、社会が混乱しました。

さらには、デマやフェイクニュースを信じない人々であっても、ニュースなどでトイレットペーパーなどを買い求めている人を見て、店からなくなる前に買っておこうと考え、結局、デマを信じた人と同じ行動をとる人も出たのです。

そうしたことにならないためには、普段から、"買い占め"ではなく、適切な"買い置き"をしておくことも大切だといえます。

4 知らないうちにフェイクニュースの発信者になってしまう？

「いいね」も「シェア」もひとつの情報発信

ソーシャルメディアで見た情報を、よく確かめることなく「いいね」したり、「シェア」したりすることもひとつの情報発信といえるため、フェイクニュースの拡散に加担しているといえます。

なぜなら、シェアされた情報を見た人は、あなたがその情報を正しいと思って発信したと考えるからです。

自分は良かれと思って情報を発信した、フェイクニュースだと知らなかったといっても、デマやフェイクニュースを拡散してしまえば、あなたの信頼が損なわれてしまいます。場合によっては、熊本地震の時の「ライオンが逃げた」の事例のように逮捕されることもあります。

新しいフェイクニュースは見分けが難しい？

ソーシャルメディアのひとつであるラインを運営する LINE 株式会社が、新型コロナウイルス関連の情報について行った調査によると、「どれが信頼できる情報か見分けるのが難しい」と感じる人が約6割に上ることがわかりました。

また、総務省の調査でも、新型コロナウイルスに関するデマやフェイクニュースについて、「正しい情報だと思った・情報を信じた」もしくは「正しい情報かどうかわからなかった」と答えた人の割合が8割近くに上っていることから、たくさんの人が情報を正しく判断できなかったことがわかります。

こうした結果は、これまでに経験したことがない災害に関するデマやフェイク

ニュースは、見分けが難しいことを示しています。

　未知の災害が起こった場合は、いつも以上に慎重に、さまざまなメディアから情報を集めた上でその情報が正しいかどうかを判断しましょう。

　フェイクニュースは正しいニュースに比べて、拡散する数やスピードが速いという調査報告もあります。そのため、なおさら、ひとつの情報をうのみにするのではなく、複数の情報、特に公的機関などの情報も必ず確認することが重要なのです。

前 普段から信頼できるメディアとつながっておく

　もしもの災害に備え、災害から避難し、そして、災害を乗り越えていくためには正しい災害情報を入手することが大切です。そのためには、テレビや新聞といった四大メディアだけでなく、公の機関のソーシャルメディアをふくめたあらゆるメディアを活用して、情報を見比べることが必要です。

　普段から意識して、信頼できるメディアとつながっておきましょう。信頼性の高い情報源を知っておくことは、災害から命を守ることにつながります。

中 後 公的機関からの情報を優先する

　災害時にさまざまなデマやフェイクニュースが飛び交うことは、状況によっては、命の危険にもかかわります。

　そのため、国や地方自治体などでは、災害時の情報発信に関しても、さまざまな方法を用意しています。

　あらかじめそうした情報源を利用できるようにしておくことで、万が一の時に、デマやフェイクニュースにまどわされる危険性を軽減することができるので、ぜひ積極的に活用するようにしましょう。

■ 政府などが発信する災害関連ツイッター

首相官邸をはじめ、災害時に役立つ政府の公式ツイッターアカウントをあらかじめフォローしておくことで、万が一の時に、役立つ情報を得ることができるようになる。

首相官邸（災害・危機管理情報）

@Kantei_Saigai
緊急地震速報などを
自動配信。

総務省消防庁

@FDMA_JAPAN
大規模災害の発生時
に、消防関連情報を
配信。

首相官邸（被災者応援情報）

@kantei_hisai
大規模災害の被災者
などに向けて配信。

気象庁

@JMA_kishou
災害への警戒を呼び
かける報道発表など
の情報を配信。

内閣府防災

@CAO_BOUSAI
災害情報や、防災・
減災に関する情報を
配信。

防衛省・自衛隊（災害対策）

@ModJapan_saigai
自衛隊の災害派遣状
況や、生活支援情報
を配信。

さくいん

●監修

池上 彰（いけがみ あきら）

1950年長野県生まれ。1973年NHKに記者として入局。松江、呉での勤務の後、東京の報道局社会部記者。事件、事故、気象、災害、教育、消費者問題等を取材。1994年から11年間、NHKの「週刊こどもニュース」のキャスターとして、大人の世界のニュースを、小学生にもわかるように伝える番組の責任者を務める。

2005年にNHKを辞めて独立、現在はフリージャーナリストとして、世界各地を取材し、執筆の傍ら各種メディアにも出演している。主な著書に、『そうだったのか！現代史』（集英社）、『伝える力』（PHP研究所）、監修に『池上彰の新聞活用大事典』『池上彰のみんなで考えよう 18歳からの選挙』『池上彰と考えるフェイクニュースの見破り方』（いずれも全4巻、文溪堂）他多数。

●装丁

村口敬太（Linon）

●本文デザイン・DTP

有限会社オズプランニング

●イラスト

有限会社オズプランニング・酒井由香里

●写真提供

カバー・表紙　右上：PIXTA
　　　　　　　右下：新華社／アフロ
　　　　　　　中央：読売新聞／アフロ
本扉：PIXTA
本文：7ページ　宮古市／ロイター／アフロ
　　　13・17・21ページ　読売新聞／アフロ
　　　32ページ　毎日新聞社／アフロ

●編集協力

図書印刷株式会社／
有限会社オズプランニング・大野貴之

ISBN 978-4-7999-0392-6　NDC361　48p　293×215mm

池上彰と考える
災害とメディア
3 災害から命を守る情報収集

2021年3月　初版第1刷発行

発行者　水谷 泰三
監　修　池上 彰
発行所　株式会社文溪堂
〒112-8635　東京都文京区大塚 3-16-12
TEL　営業（03）5976-1515　編集（03）5976-1511
ホームページ　https://www.bunkei.co.jp
印刷・製本　図書印刷株式会社

災害から命を守るための情報
どこからとる？ どう生かす？

池上彰と考える
災害とメディア

（全4巻）

年々巨大化する台風、いつおそいかかってくるかわからない地震・津波、日本各地に散らばる火山も噴火の危険を抱えている。さらには、感染症によるパンデミック…とわたしたちの暮らしをおびやかす災害は、いたるところにあり、それらを完全に防ぐことはできない。

・発生前、発生中、発生後と、様々な段階での的確な情報の取り方を、ラジオ、テレビ、インターネット、SNS等といった、いろいろなメディアの特徴と関連づけて、子どもたちにもわかりやすく解説。

・災害の発生は防げないが、適切な情報を取得・活用することで、自分の命を守ることができる…と情報と「減災」との結びつきを具体的な例を挙げて、資料や写真等も使いながら解説。

・子どもたちにもなじみが深いスマートフォンの災害時での活用を、その利便性だけでなく、脆弱性などの問題点もふくめて解説し、スマートフォンに頼りすぎる危険性も子どもたちに知らせた内容。

・子どもたちが「災害」という緊急時でもきちんと情報の取捨選択をし、自分の命を守れるようになる、「災害」を軸にしたメディアリテラシーの本。

・各巻の巻頭に、監修者・池上彰氏によるわかりやすい解説つき。

監修：池上 彰

各巻構成

A4変判
各48ページ
NDC361
（社会）

1 災害情報とメディアの特徴
2 防災・減災のための災害予測
3 災害から命を守る情報収集
4 復興のためのメディア情報